Analyse de l'œuvre

Par Emmanuelle Laurent
et Lucile Lhoste

Dom Juan

de Molière

Rendez-vous sur lepetitlitteraire.fr et découvrez :

Plus de 1200 analyses
Claires et synthétiques
Téléchargeables en 30 secondes
À imprimer chez soi

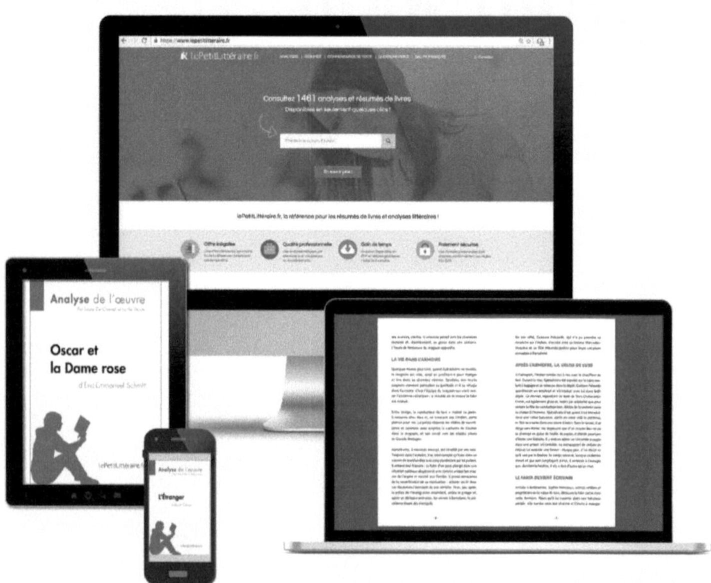

MOLIÈRE

DRAMATURGE, COMÉDIEN ET CHEF DE TROUPE FRANÇAIS

- **Né en 1622 à Paris**
- **Décédé en 1673 dans la même ville**
- **Quelques-unes de ses œuvres :**
  - *Le Tartuffe* (1664), comédie
  - *L'Avare* (1668), comédie
  - *Le Bourgeois gentilhomme* (1670), comédie-ballet

À la fois auteur, metteur en scène, directeur de troupe et comédien, Molière (de son vrai nom Jean-Baptiste Poquelin) nait à Paris en 1622 dans la bourgeoisie aisée. Il s'oriente très tôt vers le théâtre et fonde avec la comédienne Madeleine Béjart (1618-1672) la troupe de l'Illustre-Théâtre. Après douze ans de théâtre itinérant en province, il revient à Paris où il est remarqué par Louis XIV qui le prend à son service (1638-1715).

Il écrit essentiellement des comédies dans lesquelles, sous le couvert du rire, il met au jour les défauts de ses contemporains (la préciosité, le pédantisme, l'avarice, etc.) et critique la société du XVIIe siècle (les pères autoritaires, les faux dévots, les médecins charlatans, etc.) Ses nombreuses pièces exercent encore aujourd'hui une influence considérable et font de Molière un auteur majeur du siècle classique. Il meurt à Paris en 1673.

DOM JUAN

DOM JUAN OU LE LIBERTIN CHÂTIÉ

- **Genre :** comédie
- **Édition de référence :** *Dom Juan*, Paris, Larousse, coll. « Petits Classiques Larousse », 2011, 189 p.
- **1ʳᵉ édition :** 1665
- **Thématiques :** séduction, libertinage, hypocrisie, religion, baroque

Dom Juan est représenté pour la première fois en 1665. La pièce connait un grand succès au cours des quinze premières représentations, mais on accuse finalement Molière d'impiété, lui reprochant notamment d'avoir choisi en Sganarelle, face à dom Juan, un piètre défenseur de la religion.

Reprise à la comédie espagnole et au théâtre italien, cette comédie mêle tous les genres et ne respecte pas la règle des trois unités. Non publiée du vivant de l'auteur, elle est redécouverte aux siècles suivants et le « grand seigneur méchant homme » que Molière condamne devient un mythe qui fascine.

RÉSUMÉ

ACTE I

Scène I

Gusman, écuyer de done Elvire, vient demander à Sganarelle, un valet, la raison du départ précipité de son maitre, dom Juan, alors qu'il a fait sortir la jeune femme d'un couvent pour l'épouser. Sganarelle lui apprend qu'un « mariage ne lui coûte rien à contracter » et qu'« un grand seigneur méchant homme est une terrible chose ».

Scène II

Arrive dom Juan que Sganarelle avertit de la présence d'Elvire. Dom Juan lui dit « qu'un autre objet a chassé Elvire de [sa] pensée » et justifie son inconstance : selon lui, « tout le plaisir de l'amour est dans le changement ».

Scène III

À Elvire qui se rend compte, au premier regard, que dom Juan ne l'aime plus, ce dernier oppose un scrupule religieux : « J'ai cru que notre mariage n'était qu'un adultère déguisé. » Le faux dévot apparait déjà en dom Juan, ce qui suscite la colère d'Elvire.

ACTE II

Scène I

Pierrot, un paysan, raconte à Charlotte, une paysanne,

comment il a sauvé un maitre et son valet de la noyade. Du maitre, il décrit l'habit fastueux. Puis, il rappelle à Charlotte qu'elle lui est promise.

Scène II

Le maitre et son valet ne sont autres que dom Juan et Sganarelle. L'entreprise de séduction d'une jeune personne par dom Juan a échoué, mais cet objet de désir a été aussitôt remplacé par un autre : une paysanne. Charlotte séduit à son tour dom Juan, qui lui propose le mariage.

Scène III

Pierrot entre en scène et exprime sa jalousie. Le grand seigneur, loin de se justifier, soufflète le paysan.

Scène IV

Arrive Mathurine à laquelle dom Juan a, en premier, proposé le mariage. Il joue un double jeu, promettant, grâce aux apartés, le mariage à l'une et à l'autre. Sganarelle prévient les paysannes : « Mon maître est un fourbe. C'est l'épouseur du genre humain. »

Scène V

Son spadassin avertit dom Juan que douze hommes à cheval le cherchent. Dom Juan demande à Sganarelle d'échanger ses habits avec les siens pour échapper à ses poursuivants.

ACTE III

Scène I

Afin de ne pas être tué à sa place, Sganarelle a proposé à dom Juan d'autres travestissements : dom Juan en habit de campagne, Sganarelle en médecin. Ce dernier interroge son maitre sur ses croyances, lequel, par prudence, se contente de ces mots : « Je crois que deux et deux sont quatre, Sganarelle, et que quatre et quatre sont huit. »

Scène II

Perdus dans la forêt, les deux hommes demandent leur chemin à un ermite qui vit de la charité. Dom Juan lui promet un louis d'or, pourvu qu'il jure contre Dieu. Le pauvre refuse.

Scène III

Voyant un homme attaqué par trois autres, dom Juan, au nom de l'idéal aristocratique, se porte à son secours. C'est dom Carlos, le frère d'Elvire, parti à la recherche de dom Juan pour réparer l'injure faite à sa sœur.

Scène IV

Arrive l'autre frère d'Elvire, dom Alonse, qui reconnait dom Juan et veut le tuer. Dom Carlos s'y oppose, au nom du même code de l'honneur, parce que dom Juan vient de lui sauver la vie : il propose de différer la vengeance.

Scène V

Dom Juan et Sganarelle aperçoivent alors un mausolée et

la statue du commandeur que dom Juan vient de tuer. Par bravade, il invite le commandeur à venir souper avec lui. La statue répond par l'affirmative en baissant la tête.

ACTE IV

Scène I

Sganarelle ne doute point que le Ciel « ait produit ce miracle » pour inciter son maitre au repentir.

Scène II

On annonce l'un des créanciers de dom Juan, M. Dimanche.

Scène III

Dom Juan, à force de civilités, ne paie son créancier que de mots.

Scène IV

Puis dom Louis, le père de dom Juan, las de la conduite de son fils, lui rappelle ce à quoi l'oblige son origine aristocratique, et que « la vertu est le premier titre de noblesse ». Dom Juan répond par une dernière insolence.

Scène V

Sganarelle, qui condamne la conduite du fils à l'égard de son père, est réduit au silence par la peur.

Scène VI

Arrive Elvire, vêtue du voile du couvent où elle s'est retirée.

Le Ciel n'a laissé dans son cœur « qu'une flamme épurée de tout le commerce des sens » : elle tente de sauver dom Juan de l'impénitence finale qui le condamnerait à la damnation.

Scène VII

Alors qu'Elvire a réveillé en lui des « restes d'un feu éteint », dom Juan soupe en compagnie de son valet. On frappe. C'est la statue du commandeur.

Scène VIII

La statue se met à table et invite dom Juan à souper pour le lendemain.

ACTE V

Scène I

Dom Juan annonce à son père sa conversion subite : « Le Ciel tout d'un coup a fait en moi un changement qui va surprendre tout le monde. »

Scène II

Mais il est toujours le même et avoue à son valet que ce changement n'est qu'« un stratagème utile » pour ménager son père et mettre en sureté ses affaires. Car l'hypocrisie, « vice à la mode » a « de merveilleux avantages » : « C'est là le moyen de faire impunément tout ce que je voudrai », explique-t-il.

Scène III

À dom Carlos, venu une dernière fois demander que dom Juan retrouve l'épouse qu'il a abandonnée, celui-ci répond que sa conversion l'en empêche et qu'il obéit « à la voix du Ciel ».

Scène IV

Sganarelle s'indigne : « Monsieur, quel diable de style prenez-vous là ? »

Scène V

Apparait alors un spectre à l'apparence d'une femme voilée qui invite dom Juan au repentir. Mais le libertin refuse la grâce que le Ciel lui accorde et montre un endurcissement au péché. Apparait enfin la statue du commandeur : dom Juan sent un feu invisible le consumer, un gouffre s'ouvre, qui l'engloutit. Sganarelle conclut : « Voilà par sa mort un chacun satisfait. [...] Il n'y a que moi seul de malheureux. Mes gages, mes gages, mes gages ! »

ÉTUDE DES PERSONNAGES

DOM JUAN

Dom Juan, par sa présence écrasante et par son caractère, qui pendant une grande partie de la pièce domine tout, finit pourtant par être vaincu. De ce personnage complexe, Molière tire des contrastes saisissants. S'il est présenté comme un homme « de qualité » qui appartient à une grande famille et montre certains traits liés à son origine – élégance de l'habit, grâce des manières, séduction naturelle, beau langage, courage chevaleresque –, tout ce qu'il fait de bas contraste avec sa très haute noblesse.

Ses visages successifs – le libertin en amour (acte I), l'athée (acte III), l'hypocrite (acte V) – relèvent d'une progression logique : le libertinage en amour engendre le libertinage en matière de foi qui mène à la fausse dévotion. Comme dom Juan ne croit pas en l'amour, il ne croit pas en Dieu, et, comme le libertin séduit les femmes, l'hypocrite abuse les hommes.

LE LIBERTINAGE

Le libertinage désigne initialement la « conduite de celui qui a des mœurs très libres, qui s'adonne sans retenue aux plaisirs de la chair » (définition du TLFi). Ce terme désigne plus largement l'attitude d'une personne qui désire penser librement, refuse les contraintes et agit par gout de l'aventure et de la transgression.

Illustré de manière exemplaire par le personnage de dom Juan, le libertinage bénéficie de son propre genre littéraire. Outre *Dom Juan*, on peut retrouver dans cette mouvance un autre célèbre titre de l'histoire littéraire, *Les Liaisons dangereuses* de Pierre Choderlos de Laclos (écrivain français, 1741-1803), roman épistolaire dans lequel les personnages subissent eux aussi les conséquences du libertinage auquel ils s'adonnent.

Molière a ménagé un crescendo en rendant son personnage de moins en moins séduisant aux yeux du spectateur et en faisant de l'hypocrisie le plus grand de ses vices et le péché irrémédiable qui amènera la damnation finale, comme le dit Sganarelle : « Il ne vous manquait plus que d'être hypocrite pour vous achever de tout point, et voilà le comble des abominations. » (acte V, scène II) Comme il a défié Dieu, c'est Dieu lui-même qui le châtie, après lui avoir envoyé sa grâce, qu'il refuse jusqu'au bout. La mort à grand spectacle de dom Juan qui montre le tonnerre jeter de grands éclairs et s'ouvrir le gouffre sombre de l'enfer est à l'image d'un personnage flamboyant et ténébreux, vivante contradiction, oxymore (figure de style qui consiste à lier deux mots contradictoires) baroque.

SGANARELLE

Il n'est pas de couple de théâtre plus uni que celui formé par dom Juan et Sganarelle, toujours présents ensemble dans la quasi-totalité des scènes. Le valet est lié à son maitre par la nécessité (« Mes gages ! Mes gages ! ») et par la peur (« La crainte en moi fait l'office du zèle. »). Comme la pièce mêle les genres, il est à la fois un valet de comédie traditionnel, poltron, bavard, aimant la bonne chère, et un confident de tragédie, lorsque dom Juan, hypocrite, lui montre le « fond de [son] âme » (acte V, scène II).

Complice de son maitre, sorte de double inférieur allant jusqu'à agir comme lui par complaisance et par mimétisme, il en devient le juge, lorsque son maitre est loin. Aussi lâche que son maitre est courageux (« Quoi, tu fuis quand on m'attaque ? », acte III, scène V), il ne peut opposer à la logique rigoureuse de dom Juan qu'un discours décousu ou un silence stupéfait : « Quel homme ! Quel homme ! » (acte V, scène II) S'il essaie de prouver l'existence de Dieu par l'argument tout à fait orthodoxe des causes finales (la perfection de l'homme postule un créateur), lorsqu'il interroge son maitre sur ses croyances, il évoque le Moine-Bourru, fantôme issu de la superstition populaire. C'est la raison pour laquelle ceux qui ont accusé la pièce d'impiété ont pu reprocher à Molière d'avoir choisi en Sganarelle un piètre défenseur de la religion.

C'est que Molière en a trouvé d'autres :

- le pauvre. Confronté à dom Juan qui a pris le visage du tentateur pour l'inciter à commettre un péché mortel en jurant, il refuse : « J'aime mieux mourir de faim. » (acte III, scène II) ;
- dom Louis, porte-parole de Molière, qui rappelle que « la naissance n'est rien là où la vertu n'est pas » (acte IV, scène IV) ;
- Elvire.

ELVIRE

Le personnage d'Elvire est une création de Molière. Dom Juan a séduit une religieuse cloitrée d'origine noble pour la faire sortir du couvent et pour l'épouser, se posant déjà par cet acte en rival de Dieu.

Elvire apparait une première fois en épouse bafouée qui demande raison. Son amour véritable pour un seul contraste avec les multiples conquêtes de dom Juan, incapable d'aimer, et à qui elle est obligée de souffler les mots qu'elle aurait désiré entendre : « Que ne me jurez-vous que vous m'aimez toujours avec une ardeur sans égale, et que rien n'est capable de vous détacher de moi que la mort ? » (acte I, scène III)

Cet amour vrai s'épure encore et devient une « tendresse toute sainte » (acte IV, scène VI). Touchée par la grâce, elle apparait voilée à l'acte IV, portant l'habit du couvent où elle retourne : « Vous me voyez bien changée de ce que j'étais ce matin. » (*ibid.*) Cette scène est l'exacte contrepartie de la scène où dom Juan prétend lui aussi avoir été touché par la grâce pour avouer, ensuite, qu'il « n'est point changé » (acte V, scène II). À l'éros (amour physique) de dom Juan s'oppose l'agapé (amour spirituel) d'Elvire, un « amour détaché de tout, qui n'agit point pour soi » (acte IV, scène VI) : elle vient pour sauver dom Juan de l'impénitence finale qui le condamnerait à la damnation. Mais celui-ci, incapable d'être touché par le langage du cœur, est ému d'une façon érotique par Elvire. Elle réapparaitra au dernier acte sous la forme d'un spectre voilé, personnification de la Grâce, que dom Juan refuse.

CLÉS DE LECTURE

LE MAITRE ET LE VALET

Dom Juan, présent dans 25 scènes sur les 27, est toujours suivi de Sganarelle, qui apparait lui-même dans 26 scènes. Il s'ensuit une subordination constante de l'un à l'autre, à tel point que le valet peut apparaitre comme le double inférieur de son maitre.

Sganarelle, à la fois complice et juge de dom Juan

Par peur des coups, Sganarelle est « réduit d'applaudir bien souvent à ce que [son] âme déteste » (acte I, scène I). Face à Elvire qui demande raison, dom Juan charge son valet de parler à sa place : « Madame, voilà Sganarelle qui sait pourquoi je suis parti. » (acte I, scène III) Pour échapper à ses poursuivants, le maitre propose au valet qu'ils échangent leurs habits : « Bien heureux est le valet qui peut avoir la gloire de mourir pour son maitre. » (acte II, scène V) Comme son maitre, Sganarelle pousse le pauvre au blasphème (« Va, va, jure un peu, Il n'y a pas de mal », acte III, scène II) ; comme lui, il renvoie le créancier, M. Dimanche, pour ne pas payer ses dettes.

Réduit au silence lorsqu'il est en présence de son maitre, le valet « décharge son cœur » lorsqu'il est loin de lui (acte I, scène I), ou qu'il parle à voix basse. Le spectateur a ainsi, grâce aux apartés, un portrait noir de dom Juan : « Ah ! Quel abominable maitre me vois-je obligé de servir ! » (acte I, scène III) Vivant dans son intimité, Sganarelle croit avoir une connaissance approfondie de son maitre : « Je sais mon Dom

Juan sur le bout du doigt » (acte I, scène II). Mais dom Juan lui échappe, comme il nous échappe. Le valet peut, tout au plus, esquisser quelques traits : « Ce n'est là qu'une ébauche du personnage, et pour en achever le portrait, il faudrait bien d'autres coups de pinceau. » (acte I, scène I) Le portrait de dom Juan reste alors inachevé.

La complexité du maitre et la simplicité du valet

Parce qu'il doit avant tout faire rire, Sganarelle reste figé dans les traits traditionnels du valet de comédie. Son maitre a une profondeur psychologique qu'il n'a pas. Face à la morale commune du valet, dom Juan affirme la liberté et l'audace aristocratiques d'être soi, lançant un défi à Dieu et à la société.

Les qualités – et les travers – de dom Juan sont liés au sentiment de sa valeur qui le place au-dessus des lois, mais aussi à ses manières, à son courage chevaleresque et à l'élégance de son discours. C'est surtout par son langage, utilisé comme une arme pour séduire les femmes et abuser les hommes, que se traduit sa supériorité. Il démonte, grâce à une argumentation implacable, la logique de la fausse dévotion, alors que Sganarelle, qui tente de prouver l'existence de Dieu ou qui condamne son hypocrisie, ne lui oppose que des proverbes incohérents et des répliques creuses : « Ô le beau raisonnement ! » (acte V, scène II)

De quel côté se place Molière ? Les détracteurs de la pièce lui ont reproché d'avoir choisi en Sganarelle un piètre défenseur de la religion. Et il l'est, car il est poltron et superstitieux. Molière serait-il alors du côté de dom Juan, approuvant secrètement son libertinage ? On peut difficilement l'affirmer, car si le libertin et l'athée exercent une certaine séduction, le faux dévot est odieux ; de même, le « gentilhomme » qui, par ses outrances, méconnait les règles de la civilité est pour un homme du XVIIe siècle « un monstre dans la nature » (acte IV, scène IV).

Molière, comme toujours, se place du côté des personnages qui représentent la mesure et l'honnêteté : Elvire, le pauvre, dom Carlos et dom Louis, qui tous défendent mieux que ne le fait Sganarelle ce que dom Juan attaque. Reste au valet le privilège d'annoncer, dès le début, le sort tragique qui attend le maitre.

L'HYPOCRISIE, UN VICE PRIVILÉGIÉ

Le parti des dévots

Pour l'un comme pour l'autre, l'hypocrisie est un « vice privilégié » (acte V, scène II). Dans l'acte V de *Dom Juan*, Molière règle ses comptes avec ceux qui firent interdire *Le Tartuffe* en l'accusant d'attaquer la vraie foi, alors qu'il dénonçait seulement sa parodie, la fausse dévotion. On est passé du « je » de dom Juan à l'impersonnel et au présent des vérités générales dans des maximes qui décrivent les vices du siècle : « L'hypocrisie est un vice à la mode et tous les vices à la mode passent pour vertus. » (acte V, scène II)

Le manteau de la religion

À l'époque, on n'ose pas s'attaquer aux dévots. Dénoncer un imposteur, c'est risquer de toucher un véritable homme de foi et toucher aux mystères sacrés. Certains, « sous cet habit respecté, ont la permission d'être les plus méchants hommes du monde » (acte V, scène II). Dom Juan ne quittera pas « ses douces habitudes », et Tartuffe invite Elmire à céder à ses avances (acte III, scène III), argüant de l'impunité dont jouissent les dévots, qui savent se faire discrets : « Mais les gens comme nous brûlent d'un feu discret/ Avec qui pour toujours on est sûr du secret. » (*Le Tartuffe*, acte III, scène III)

Le pouvoir de la cabale

Les hypocrites, se sachant coupables, sont tous complices les uns des autres (« qui en choque un se les jette tous sur les bras », acte VI, scène II), et se soutiennent, à la fois par la loi du silence qui leur donne l'impunité, et par la violence de leurs attaques. Afin de ne pas être jugés pour ce qu'ils sont vraiment, ils vont se faire les censeurs des autres : « Je m'érigerai en censeur des actions d'autrui, jugerai mal de tout le monde, et n'aurai bonne opinion que de moi. » (acte V, scène II)

L'ARRESTATION DE L'IMPOSTEUR ET LE CHÂTIMENT DIVIN DU LIBERTIN

Molière condamne ses personnages

Si dom Juan libertin peut être séduisant, il devient odieux, comme Tartuffe, lorsqu'il se sert de la religion pour abuser les hommes. Pour Tartuffe, Molière prend la précaution de noter dans une didascalie (« C'est un scélérat qui parle », *Le Tartuffe*, acte IV, scène V), comme il indique pour dom Juan (« faisant l'hypocrite », acte V, scène I). Tout l'art de l'hypocrite étant de porter un masque, Molière va finalement démasquer ses personnages aux yeux des spectateurs et montrer leur vrai visage, « le fond de leur âme », afin que la séduction n'opère plus.

Le châtiment final

La dimension des deux personnages se mesure à leur châtiment. Hommage à Louis XIV qui a soutenu la pièce de Molière, Tartuffe sera arrêté comme un vulgaire escroc par l'envoyé d'un roi, « ennemi de la fraude » (*Le Tartuffe*, acte V, scène VII), qui joue ici le rôle de deus ex machina. Dom Juan ira seul au-devant de sa mort.

La mort de dom Juan

C'est Dieu lui-même qui envoie dom Juan en enfer, dans une mise en scène à grand spectacle où le personnage solaire, à l'habit d'or et aux rubans « couleur de feu » est une dernière fois éclairé d'une lumière éclatante : « Le tonnerre tombe avec un grand bruit et de grands éclairs sur Dom Juan. » (acte V, scène VI) Nous sommes dans une pièce à machines et, contrairement aux bienséances du théâtre classique, dom Juan meurt sur scène. Il s'agit d'une manière de faire ressentir au spectateur le supplice de la damnation et de susciter en lui la « terreur et la pitié », comme dans la tragédie : « Ô Ciel ! Que sens-je ? Un feu invisible me brûle, je n'en puis plus et tout mon corps devient un brasier ardent. » (acte V, scène VI) D'abord consumé par les feux de l'amour, il meurt à la fin dans les flammes de l'enfer.

DOM JUAN, UN PERSONNAGE BAROQUE ?

Le baroque est né dans la seconde moitié du XVIᵉ siècle, en Italie, à la faveur de la Contre-Réforme (réforme catholique menée au XVIᵉ siècle contre la réforme protestante). Le mot, qui vient du portugais *barroco*, désigne une pierre précieuse irrégulièrement taillée, et a d'abord été employé péjorativement pour condamner une esthétique en rupture avec l'idéal classique.

Le mouvement et la distorsion des formes

Les baroques ont le sentiment que tout est mouvement : l'homme est une créature mortelle, ses sentiments sont inconstants ; le temps fuit, la nature est en perpétuelle métamorphose. Aussi refusent-ils en art la ligne droite du classicisme qui évoque un monde stable, préférant la courbe et la ligne brisée qui témoignent d'un équilibre instable. Molière obéit à cette logique en faisant fi de l'unité de lieu et en exprimant la difficulté de Dom Juan à rester dans les limites amoureuses imposées par son monde.

Masques et métamorphoses

Ce sentiment de l'instabilité amène les baroques à penser que l'univers n'est qu'un jeu de reflets incertains. La vie est-elle un songe ? Comment distinguer l'être du paraitre, le visage du masque ? En art, le trompe-l'œil, le décor, la façade, qui est l'apparence même, se développent. On aime, au théâtre ou dans les ballets de cour, la parure, le déguisement. Dom Juan est donc un personnage protéiforme qui montre parfois plusieurs visages dans la même scène :

tantôt tentateur, tantôt sauveur (en l'occurrence de dom Carlos), il s'acharne à « profiter des faiblesses des hommes » (acte V, scène II) en dissimulant son hypocrisie derrière un masque de vertu.

Ostentation et démesure

Dans un monde instable, l'affirmation orgueilleuse de soi est un moyen de rivaliser en grandeur avec la grandeur (Dieu, la Nature), de lutter contre ce qui peut asservir l'homme (les lois civiles, morales ou religieuses). L'hyperbole, qui consiste à exagérer une idée, est ainsi la figure baroque par excellence, la traduction de ce désir de dépassement. Dom Juan incarne ce désir par ses habits, son désir insatiable de conquêtes et son statut social, par lesquels il surpasse les autres hommes et devient un mythe.

Le sentiment de la mort

Si l'inconstance est célébrée par certains baroques comme un moyen de libérer l'homme – ceux-ci sont libertins en matière de foi et dans leurs mœurs –, chez d'autres, profondément religieux, cette fragilité rappelle la misère de l'homme sans Dieu. Les peintres, dans des « vanités », montrent, à côté des objets du savoir humain ou de la gloire mondaine, un crâne qui nous rappelle que nous sommes mortels : « *Memento mori* » (« Souviens-toi que tu mourras »). Dom Juan ne se préoccupe guère de cela alors même que sa mort est annoncée dès le début ; il meurt dans une ténébreuse flamboyance qui célèbre cette contradiction dans l'alliance de l'ombre et de la lumière.

LE PERSONNAGE DE DON JUAN

Le mythe de Don Juan

Don Juan est né dans *Le Trompeur de Séville et le Convive de pierre* (1630), une œuvre édifiante d'un moine, Tirso de Molina (auteur espagnol, 1583-1648), dans laquelle un grand seigneur irrespectueux des lois humaines et divines meurt dans les flammes de l'enfer. La pièce arrive ensuite en Italie où elle est tirée vers la farce, puis en France, sous le titre du *Festin de pierre*. En 1665, Molière s'empare de cette pièce à machines qui a beaucoup de succès.

Expression des aspirations ou des conflits les plus profonds de l'homme, un personnage devient un mythe lorsqu'il déborde le cadre de l'œuvre où il a été créé. À partir de Molière, qui donne toute sa mesure à ce personnage complexe, dans une pièce qui fait intervenir le surnaturel, don Juan sera repris et interprété différemment selon les époques.

Le dom Juan de Molière

Le « grand seigneur méchant homme » (acte I, scène I) montre toutes les qualités aristocratiques, mais dévoyées : recherchant son bon plaisir dans l'amour, brave dans le duel, il méprise les hommes et défie Dieu par des réflexes naturels d'orgueil et de bravoure liés à son rang. Alors que le personnage de Tirso de Molina ne repousse pas l'idée d'implorer la clémence du ciel qui lui éviterait d'être damné, le dom Juan de Molière refuse de voir et d'entendre les signes surnaturels qui lui sont donnés : « Rien n'est capable de m'imprimer de la terreur. » (acte V, scène V)

Le châtiment est à la mesure du défi lancé par dom Juan aux hommes et à Dieu. Si Molière condamne en lui l'athée, l'hypocrite et le grand seigneur qui a l'audace de se placer au-dessus des lois, dans une époque si attachée aux règles du bienvivre en société, la place qu'il lui accorde, le pouvoir de séduction qu'il lui attribue, témoignent certainement d'une secrète fascination.

Dom Juan, autre Tartuffe ?

Lorsque la première représentation de *Dom Juan* a lieu, le 15 février 1665, *Le Tartuffe* est toujours interdit. Un an après, comme Molière est surveillé, il cesse de faire jouer la pièce au bout de quinze représentations, malgré le succès public. L'acte V de *Dom Juan* est une réponse en acte du dramaturge à ses adversaires, à qui il montre un faux dévot qui dévoile son art de l'imposture, mais qui sera condamné sans rémission.

Si dom Juan est un faux dévot par « pure politique », Tartuffe est un « gueux » sans ressources, un imposteur de profession : c'est la figure du parasite. Sensuel, « gros et gras, le teint frais et la bouche vermeille » (*Le Tartuffe*, acte I, scène IV), il n'a pas l'élégance de dom Juan, qui, faux dévot, reste grand seigneur. Le masque d'hypocrite est pour ce dernier une nouvelle manière d'affirmer sa liberté souveraine, de « faire impunément tout ce qu'[il voudra] ».

L'un et l'autre, cependant, se servent de ce masque pour séduire. Tartuffe abuse de la crédulité d'Orgon et de celle de Mᵐᵉ Pernelle, prêts à renier leur propre famille pour lui. Dom Juan invoque le ciel pour séduire Charlotte (acte II, scène III), et joue si bien son rôle que dom Louis croit à sa conversion, tout comme Sganarelle : « Ah ! Monsieur, que j'ai de joie à vous voir converti ! » (acte V, scène II).

ÉVOLUTION DU PERSONNAGE

Au XVIIIe siècle, le Lovelace de *Clarisse Harlowe* (roman écrit par Samuel Richardson, 1689-1761) et le Valmont des *Liaisons dangereuses* (roman écrit Choderlos de Laclos, 1741-1803) héritent de certains traits de don Juan, mais d'un siècle à l'autre, le « grand seigneur méchant homme » est devenu un roué. Si la légèreté de la musique de Mozart (compositeur autrichien, 1756-1791), dans l'opéra italien *Don Giovanni* (1787), est un équivalent de l'inconstance du libertin, le librettiste Da Ponte (1749-1838) condamne comme Molière le personnage à travers la mort à grand spectacle du finale.

Pour les romantiques, don Juan est un héros de la révolte, un chercheur d'absolu. Musset (poète et dramaturge français, 1810-1857), dans son poème *Namouna* (1831) le montre à la recherche de la femme unique à travers ses conquêtes multiples. Baudelaire (poète français, 1821-1857), dans *Dom Juan aux enfers* (1857), en fait pour sa part une figure orgueilleuse de Satan.

Le XXe siècle reprend le personnage, tantôt pour le sanctifier tantôt pour le parodier. Le poète Milosz (poète français, 1877-1939), dans *Miguel Mañara* (1912), le montre touché par la grâce de l'amour infini de Dieu, seul capable de le combler. À l'inverse, Montherlant (auteur français, 1895-1972), dans *La Mort qui fait le trottoir* (1956), montre la vieillesse du mythe en mettant en scène un personnage de vieux beau fatigué. Tout surnaturel est nié. On le voit, le personnage de don Juan continue à fasciner et n'a pas encore dévoilé tous ses secrets.

PISTES DE RÉFLEXION

QUELQUES QUESTIONS POUR APPROFONDIR SA RÉFLEXION...

- Expliquez le titre : *Dom Juan ou le Festin de pierre.*
- Montrez en quoi la première scène de l'acte I est une scène d'exposition.
- Expliquez ce jugement de Sganarelle sur son maitre : « Mais un grand seigneur méchant homme est un monstre dans la nature » (acte I, scène I)
- Peut-on dire de Sganarelle qu'il est le double inférieur de dom Juan ?
- Quels sont, au XVIIe siècle, les différents sens du mot « libertin » ? En quoi dom Juan les résume-t-il tous ?
- Dans le portrait qu'il dresse de lui-même pour justifier son inconstance, dom Juan se compare à Alexandre le Grand (roi de Macédoine, 356-323 av. J.-C.). Expliquez pourquoi.
- La pièce de Molière n'obéit pas à la règle classique des trois unités (unité de lieu, de temps, d'action). Expliquez pourquoi.
- En quoi l'œuvre de Molière est-elle une « pièce à machines » ?
- Pourquoi dom Juan se fait-il passer pour dévot à l'acte V ?
- En quoi dom Juan peut-il relever de l'esthétique baroque ?
- Expliquez pourquoi le personnage de dom Juan est devenu un mythe.

Votre avis nous intéresse !
Laissez un commentaire sur le site de votre librairie en ligne
et partagez vos coups de cœur sur les réseaux sociaux !

POUR ALLER PLUS LOIN

ÉDITION DE RÉFÉRENCE

- Molière, *Dom Juan*, Paris, Larousse, coll. « Petits Classiques Larousse », 2011, 189 p.

SUR LEPETITLITTÉRAIRE.FR

- Commentaire du monologue d'Harpagon dans *L'Avare* de Molière.
- Commentaire de la scène ii de l'acte III de *Dom Juan* de Molière.
- Commentaire de la scène i de l'acte II du *Bourgeois gentil-homme* de Molière.
- Commentaire de la scène iv de l'acte V du *Misanthrope* de Molière.
- Commentaire de la scène x de l'acte III du *Malade imagi-naire* de Molière.
- Commentaire de la scène vi de l'acte III du *Tartuffe* de Molière.
- Commentaire de la scène ix des *Précieuses ridicules* de Molière.
- Commentaire de la scène i de l'acte I des *Femmes savantes* de Molière.
- Commentaire des scènes i et ii de l'acte I de *George Dandin* de Molière.
- Fiche de lecture sur *Amphitryon* de Molière.
- Fiche de lecture sur *Dom Juan*.
- Fiche de lecture sur *George Dandin*.
- Fiche de lecture sur *Le Bourgeois gentilhomme*.

- Fiche de lecture sur *L'École des Femmes* de Molière.
- Fiche de lecture sur *Le Malade imaginaire.*
- Fiche de lecture sur *Le Médecin volant* de Molière.
- Fiche de lecture sur *Le Misanthrope.*
- Fiche de lecture sur *Les Femmes savantes.*
- Fiche de lecture sur *Les Fourberies de Scapin* de Molière.
- Fiche de lecture sur *Les Précieuses ridicules.*
- Fiche de lecture sur *Le Tartuffe.*
- Fiche de lecture sur *L'Impromptu* de Versailles de Molière.
- Questionnaire de lecture sur *L'Avare.*
- Questionnaire de lecture sur *Dom Juan.*
- Questionnaire de lecture sur *Le Bourgeois gentilhomme.*
- Questionnaire de lecture sur *Le Misanthrope.*
- Questionnaire de lecture sur *Le Malade imaginaire.*
- Questionnaire de lecture sur *L'École des Femmes.*
- Questionnaire de lecture sur *Les Précieuses ridicules.*
- Questionnaire de lecture sur *George Dandin.*
- Questionnaire de lecture sur *Le Médecin volant.*
- Questionnaire de lecture sur *Les Fourberies de Scapin.*

Ce titre a été réalisé avec le soutien de la Fédération Wallonie-Bruxelles, Service général des Lettres et du Livre.

Retrouvez notre offre complète sur lePetitLittéraire.fr

- des fiches de lectures
- des commentaires littéraires
- des questionnaires de lecture
- des résumés

ANOUILH
- Antigone

AUSTEN
- Orgueil et
  Préjugés

BALZAC
- Eugénie Grandet
- Le Père Goriot
- Illusions perdues

BARJAVEL
- La Nuit des
  temps

BEAUMARCHAIS
- Le Mariage
  de Figaro

BECKETT
- En attendant
  Godot

BRETON
- Nadja

CAMUS
- La Peste
- Les Justes
- L'Étranger

CARRÈRE
- Limonov

CÉLINE
- Voyage au bout
  de la nuit

CERVANTÈS
- Don Quichotte
  de la Manche

CHATEAUBRIAND
- Mémoires
  d'outre-tombe

**CHODERLOS
DE LACLOS**
- Les Liaisons
  dangereuses

CHRÉTIEN DE TROYES
- Yvain ou le
  Chevalier au lion

CHRISTIE
- Dix Petits Nègres

CLAUDEL
- La Petite Fille de
  Monsieur Linh
- Le Rapport
  de Brodeck

COELHO
- L'Alchimiste

CONAN DOYLE
- Le Chien des
  Baskerville

DAI SIJIE
- Balzac et la
  Petite
  Tailleuse chinoise

DE GAULLE
- Mémoires
  de guerre
  III. Le Salut.
  1944-1946

DE VIGAN
- No et moi

DICKER
- La Vérité sur
  l'affaire Harry
  Quebert

DIDEROT
- Supplément
  au Voyage de
  Bougainville

DUMAS
- Les Trois
  Mousquetaires

ÉNARD
- Parlez-leur
  de batailles,
  de rois et
  d'éléphants

FERRARI
- Le Sermon sur la
  chute de Rome

FLAUBERT
- Madame Bovary

FRANK
- Journal
  d'Anne Frank

FRED VARGAS
- Pars vite et
  reviens tard

GARY
- La Vie devant soi

GAUDÉ
- La Mort du
  roi Tsongor
- Le Soleil des
  Scorta

GAUTIER
- La Morte
  amoureuse
- Le Capitaine
  Fracasse

GAVALDA
- 35 kilos d'espoir

GIDE
- Les
  Faux-Monnayeurs

GIONO
- Le Grand
  Troupeau
- Le Hussard
  sur le toit

GIRAUDOUX
- La guerre de
  Troie
  n'aura pas lieu

GOLDING
- Sa Majesté des
  Mouches

GRIMBERT
- Un secret

HEMINGWAY
- Le Vieil Homme
  et la Mer

HESSEL
- Indignez-vous !

HOMÈRE
- L'Odyssée

HUGO
- Le Dernier Jour
  d'un condamné
- Les Misérables
- Notre-Dame
  de Paris

HUXLEY
- Le Meilleur
  des mondes

IONESCO
- Rhinocéros
- La Cantatrice
  chauve

JARY
- Ubu roi

JENNI
- L'Art français
  de la guerre

JOFFO
- Un sac de billes

KAFKA
- La Métamorphose

KEROUAC
- Sur la route

KESSEL
- Le Lion

LARSSON
- Millenium I. Les
  hommes qui
  n'aimaient pas
  les femmes

LE CLÉZIO
- Mondo

LEVI
- Si c'est un
  homme

LEVY
- Et si c'était vrai…

MAALOUF
- Léon l'Africain

MALRAUX
- La Condition humaine

MARIVAUX
- La Double Inconstance
- Le Jeu de l'amour et du hasard

MARTINEZ
- Du domaine des murmures

MAUPASSANT
- Boule de suif
- Le Horla
- Une vie

MAURIAC
- Le Nœud de vipères

MAURIAC
- Le Sagouin

MÉRIMÉE
- Tamango
- Colomba

MERLE
- La mort est mon métier

MOLIÈRE
- Le Misanthrope
- L'Avare
- Le Bourgeois gentilhomme

MONTAIGNE
- Essais

MORPURGO
- Le Roi Arthur

MUSSET
- Lorenzaccio

MUSSO
- Que serais-je sans toi ?

NOTHOMB
- Stupeur et Tremblements

ORWELL
- La Ferme des animaux
- 1984

PAGNOL
- La Gloire de mon père

PANCOL
- Les Yeux jaunes des crocodiles

PASCAL
- Pensées

PENNAC
- Au bonheur des ogres

POE
- La Chute de la maison Usher

PROUST
- Du côté de chez Swann

QUENEAU
- Zazie dans le métro

QUIGNARD
- Tous les matins du monde

RABELAIS
- Gargantua

RACINE
- Andromaque
- Britannicus
- Phèdre

ROUSSEAU
- Confessions

ROSTAND
- Cyrano de Bergerac

ROWLING
- Harry Potter à l'école des sorciers

SAINT-EXUPÉRY
- Le Petit Prince
- Vol de nuit

SARTRE
- Huis clos
- La Nausée
- Les Mouches

SCHLINK
- Le Liseur

SCHMITT
- La Part de l'autre
- Oscar et la
  Dame rose

SEPULVEDA
- Le Vieux qui
  lisait des romans
  d'amour

SHAKESPEARE
- Roméo et Juliette

SIMENON
- Le Chien jaune

STEEMAN
- L'Assassin
  habite au 21

STEINBECK
- Des souris et
  des hommes

STENDHAL
- Le Rouge et
  le Noir

STEVENSON
- L'Île au trésor

SÜSKIND
- Le Parfum

TOLSTOÏ
- Anna Karénine

TOURNIER
- Vendredi ou
  la Vie sauvage

TOUSSAINT
- Fuir

UHLMAN
- L'Ami retrouvé

VERNE
- Le Tour
  du monde
  en 80 jours
- Vingt mille
  lieues sous
  les mers
- Voyage au
  centre de
  la terre

VIAN
- L'Écume des jours

VOLTAIRE
- Candide

WELLS
- La Guerre des
  mondes

YOURCENAR
- Mémoires
  d'Hadrien

ZOLA
- Au bonheur
  des dames
- L'Assommoir
- Germinal

ZWEIG
- Le Joueur
  d'échecs

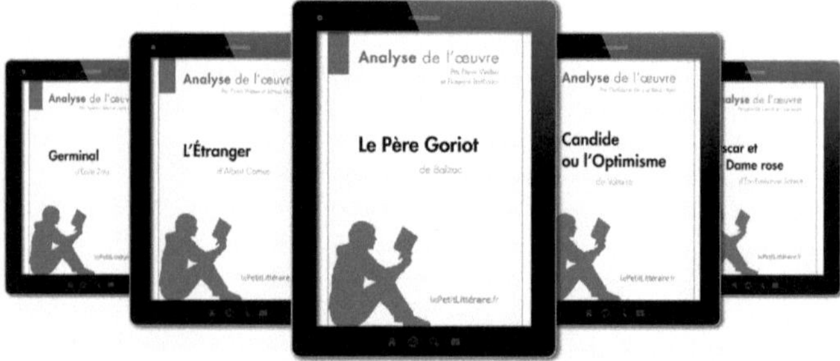